Idag påminner naturen om en dikt av
Emil Hagström.

FSC
www.fsc.org
MIX
Papper från
ansvarsfulla källor
Paper from
responsible sources
FSC® C105338

Idag påminner naturen om en dikt av Emil Hagström.

Dikter och en och annan kortprosa.

TORBJÖRN JOHANSSON

sommaren 2022.

Tidigare utgivning:

Halländska visor. Spektra	1984.
Breven hem. Spektra	1990.
Vardagsfunderingar från en utkant. BoD	2018.
Andra funderingar från utkanten. Utblick Media	2019.
Grovt & Grant, Nästan sant. BoD	2020.

Förlag: BoD – Books on Demand, Stockholm, Sverige

Tryck: BoD – Books on Demand, Norderstedt, Tyskland

ISBN: 978-91-8057-196-8

I

Det dundrar
Det blixtrar
Det dånar
Det skälver.
Det susar
Det brusar
Det smeker
Det leker
Det är livet som är ute och går.

Minne.
Pingstkapellets vestibul
var på söndagsförmiddagen
full av heliga andedräkter.
Direkt efter gudstjänsten
hängdes de undan till nästa söndag.
Det luktade Gud.

3

PÅSK.

*Inget dalt
och inget pjåsk,
Men ett hederligt
Glad Påsk
Inget pjosk
och inget dalt,
Det var allt.*

4

VÅR SKÄRGÅRD.

Visst är Stockholms skärgård väldigt vacker,
men Hallands skärgård går
inte heller av för hacker.
Vi har:
Tylön,
Storaskär,
Marsten,
Vendelsö,
Nidingen,
Jylland
Och Britannien.
Vi har salt hav emellan öarna.

5

Bara.
Inte bara vikten
vållar mej problem,
Det gör även gikten
som kom en afton sen,
Molade och värkte
I min största tå
omgivningen märkte,
Han har svårt att gå.

Visst har det varit en blåsig vår.
Jag har varit uppe och tömt blåsan nästan varje natt.

6

Inledde vårbruket.
Vände på en spade.
Vårbruket klart.

DASS PÅ SVALEN.
Att sitta här och trycka
Och sedan få rycka
I snöret från höjd,
Är fröjd.

Odörer
Som det stinker
Som det luktar,
Tårar mina kinder fuktar
Vinterns dynga skall nu ut,
Med det samma, absolut.
Solen skiner
Havet glittrar
Fåglar sjunger
Men det kvittar
Stanken överglänser allt,
Havet blänker
Skiten stänker
Överallt.

8

Julidag II
Västan ryter
nästan skryter
om hur stor och stark hon är
Vrålar, ryar,
svarta skyar
Vita gäss på vågen där.
Björken bugar
Rönnen niger
Inför stormens majestät
Regnet stänker
Asken tänker
Tur man inte är så tät.

9

Julidagen
Hej vad det gror
Hej vad det växer,
Knepigt att gå i för stora skor,
Fötterna krymper
när vädret är blött,
Trasten i aspen
Visslar så sprött
Skåne kan duga
Men Halland är bäst.

IO

Annandag Pingst.
Att samtidigt som daggen faller
och månen stiger
Få ta en sista aftontur
Genom den förvuxna trädgården
är både fröjdfullt och nyttigt.
Och att Annandag Pingst
se dungen av pingstliljor
i full blom,
Lysande vitt i tätnande skymning
är en lisa för själen.

II

Att bo i by

Jag bor i en liten by på landet,
En väldigt liten by.
Antagligen en av landets minsta byar.
Bara två hushåll.
Två små hushåll.
Bara en pensionär i varje hushåll.
Men vi har det bra.
Grannsämjan är god.
Vi hälsar artigt på varandra när vi ses.
Oftast vid postlådorna vid åttatiden på morgnarna.
Vi har varsin bil.
Var sin åkgräsklippare, hans är gul, min är röd.
Han har dessutom en traktor, en röd.
Jag har några fioler.
När en av oss dör upphör byn att finnas till.
Då återstår bara ett hushåll
Och ett hushåll med en person kan väl inte kallas by.
Men intill den dagen bor vi i en by.
En väldigt liten by.

Kväll.

Solen sjönk i havet
Med en liten duns.
Med en liten duns,
Efter två sekunder
Hördes litet plums,
Hördes litet plums.
Vatten steg så sakta
Månen, satt att vakta
Neg och bleg,
Teg
Från sin kant
Så elegant.

13

April – Maj
April är trött
April vill dö.
April tar slut,
April adjö.
I natt du brinner
Blir till aska
Men, likt fågel Fenix stiger
Ur dess aska sköna maj.

Nu nalkas en månad
Så bräddfull av brånad
Då sav ses stiga
Och tjurar bliga
Så ohöljt kåta
Med drömmar våta
Om lust och smek
Och kärlekslek
Och månen står full
Och månen står full.

SKUGGAN.

En liten skugga följer mina fötter,
När dom blir trötta, blir även skuggan trötter.
Den stannar upp och vilar tätt intill
Ty skuggor vet vad trötta fötter vill.

Mot aftonen blir liten skugga stor
Men följer lika troget, dock jag tror
Att även skugga längtar solnedgång
Och slutar dagen med en liten sång.

Så vilar skuggan trygg i mörkan natt
Och väntar på en gryning, om än matt.
Då kommer skuggan fram liksom igår
Och alla andra dagar. Tiden går.

15

Saknar.
Här sitter jag och saknar,
Jag saknar Bok- & Biblioteksmässan,
Den riktiga, i Göteborg.
Jag saknar människorna,
Jag saknar böckerna,
Jag saknar trängseln,
Jag saknar den dåliga luften,
Jag saknar de stenhårda golven,
Jag saknar de rödhåriga bibliotekarierna,
Jag saknar de beskäftiga kulturjournalisterna från SVT,
Jag saknar Viveca Lärn.

16

Lampa.
I går kväll fastnade fullmånen
I toppen på min stora ask,
Den satt där som en stor lampa,
Strax under månen satt ett stort, runt skatbo
Och lyste svart.
Det påminde om något varumärke.
Månen fortsatte så småningom sin vandring,
Skatboet stannade kvar.

Varmt.
När det är mer än tjugo plusgrader på
natten räknas den som
tropisk, därför följande rader:
En tropisk natt
Vid Morpei kust
Då stiger sav
Då ökas lust
Fast det är hust
I Morphei armar
Jag somnar sött.
Hetta gör
En åldring trött.

18

Kamp.
Klockan arton avbröts friden,
Striden
var över nästan innan den hade börjat.
Katten slog
Fågeln dog
Nog.

Ölandstoken har blommat klart
Snart
Höst.
Då blommar frostrosen
Som tröst
Hösttröst.

Alldeles nyss.
Kvällsskuggan från askenSmyger sej obevekligt närmre
Trots högsommarvärme på dagen
förnims redan
den lätta höstkylan nattetid.
En första spannmålsskörd bärgad.
Stor.
Mognaden sväller i axen
Majsen står manshög
Högsommarkväll som lutar
Mot en sommar som slutar
Med en handfull månsken.

Tanke vid vägkant.
Vallmo så röd
Vallmo i backen,
Nu är du död
Sol steker nacken,
Du lyste så flott
Livet blev kort,
Vallmo så röd,
Sol steker nacken.
I ditt ställe står nu renfanan
Och vajar med sina svartsjukegula toppar
Och i bakgrunden klingar
Den lilla blåklockan
Entonigt.

Bort.
Vågorna svallar
Skummet stänker och svalkar
min rosiga kind,
Svartaste natten
Till och med katten
Irrar och söker sej lä ifrån vind.
Dagen var kort
Inget blev gjort
Minuterna rusar sekundsnabbt bort.

Januarinatt.
Månen den bleka
Liknar en eka
Glidande tyst
I den svartkalla rymd.
I ekan bleka
Ville jag smeka,
Uppfylld av lust
Kinden så len
Kom då en molnskärm
Ekan blev skymd.

23

Teamwork
Månen vilar på rygg
Så trygg,
Över svarta, frusna vatten.
Kylan nafsar min rygg
Men ändå sitter jag trygg
Tillsammans med kolsvarta katten,
Katten, månen och jag,
Ett samspelt tremannalag.

24

Dagarna känns långa
Men åren går fort.

Skymning föll
Naturen höll
andan.

Vintervila i kustlandskap.
Allt går nu i sakta mak
Efter regnperioden
står nu
den höstsådda säden
Till knäna i vatten.
Ska köpa stövlar.

SNART ...Det pjollrar och skvittrar och drillar i skyn
Små fåglar som samlas strax söder om byn
En blåsparv, en tita, två tallor, en mes
Och ute på vången ses gås efter gås
En pruttgås, en kindgås, ja även en smörgås,
En trana strax utanför Torbjörntorp går
En aning jag känner: snart vår.

Vårkänning.
Det vitsipprar i hagarna
Hela långa dagarna
Doftar vår.

VÅR

Nu blommar cyklister
Likt vårlök och plister
Längs vägar som skrida
Ut i världen den vida,
solljus som glittrar
finkar som kvittrar
i buske och snår,
det är VÅR!

28

Solen sken
Vinden ven,
På stranden satt jag
Het allen.

Solen sken
Vinden ven,
Alldeles ensam på en sten.

Månen, i afton så blank och fin
Liknar en gammaldags apelsin
En så´n som man fick utav farbror prästen
Om man varit snäll, på söndagsskolfesten.

Tröst
Du var mej till glädje
Du var mej till tröst,
Men nu är det höst.
Du lekte så ystert
I norr, väst och öst,
Dock, nu är det höst
Nu vilar du stilla
Ty nu är det höst,
Du märks knappt, du lilla
I höst.

Ännu en dag.

ONSDAG
Blodprov
Insulin
Förtidsröstat
Köpt nya jeans
Svarta
Insulin
Stålboms skagenröra
Färska jordgubbar
Insulin
Middagslur
Dagens eko
GräsklippningInsulin
Så går en dag ifrån vår tid
Ända tills
Din klara sol går åter opp.

MAJS
Majsen vajar
Majsen svajar
Hårda vindar, nästan kuling
Verkar nu ge majsen hjuling,
Breda blad
Och raka stänglar
Majs behöver sina änglar
Över majsen
Sträcker svanar
In mot skogens
Mörka granar,
Snart september
Nästan höst.
Gud, ge mej och majsen tröst.

För hösten.
Solen skiner
Vinden smeker
Bara lite, just idag
Rönnbär lyser
Ingen fryser
Denna varma dag,
Fågel sjung på sista versen
Innan långa flygsemestern
Bonden plöjer
Själv jag höjer
Vemodigt en skål
För hösten.

33

Inte nu.
Jag ingår tydligen i en forskningsstudie,
Blev uppringd av en dam som
Frågade om jag är sexuellt aktiv.
Nej, sa jag, inte nu. Jag äter lunch.

Natten går så sakta
När månen är full,
Skulle den gå fortare
Så trilla han omkull.

34

Sista ...

Nu sjunger juli månad på allra sista versen
Helan togs och halvan gick, nu är det dags för tersen
Den tas ikväll
Då blir jag säll
Och lite trött
Och somnar sött
Och vaknar i augusti

Nymålad skylt utmed halländsk landsväg:
Prydnadspumpa till salu.
En pumpa 15 kronor
Två pumpar 25 kronor.

Kors ifrån Kilimanjaro
En liten tussilago
Lyser nu på gården min
Hon tror att det är vår.
Kors ifrån Kilimanjaro
Du lilla tussilago
Dej väntar nu en vinter svår
Dessutom februari

Allhelgonahelg.
Min mamma sjöng läsarsånger
Och spelade gitarr
Och tramporgel,
Hon sjöng trosvisst
Med glädje i rösten,
Hon hade ett rikt inre liv.
Trodde på Gud och på Tomten.
Inte jultomten utan den lille gråe gårdstomten.
När vi barn tvivlade på att tomten fanns
Sa hon bara: Jag har sett en å det jag har sett det har jag
sett
Han finns.
Men jag är osäker på om hon hade sett Gud.
Honom trodde hon på ändå.

37

Interiör.
Till vänster om porten till himmelens sal
Där står Sankte Per med en väldig linjal,
Han mäter vår längd
Och väger vår mängd
Han mäter dom stora
Han mäter dom små
Ja alla som vill in i himmelen gå.

Där dansar små änglar av olika kön
Med ursprung i världens alla sju hörn
Där görs ingen skillnad på svart eller vit
Nej, alla som vilja är välkomna hit
Ett undantag finns, och det är ingen slump
Det undantaget är Donald J Trump,
Han platsar ej alls uti himmelens sal
Hans ego för stort
Och hans tunga för hal.

38

Nionde i andra tjugotvå.
Idag är det läge för skinn och läder
Om man nu nödvändigtvis ska ha kläder
Siden i skjorta och kalsong
Vånne denna dag blir lång,
Vi firar att restriktioner lyfts bort
Kan umgås som vanligt inom kort.

Parafras (och en blinkning till Evert Taube)
Å jijjane mej
Sicken måne
Vad han lyser
Utanför farstun
Till svärfars kök
Å där står Charles Alban
Han är hungrig
Och fryser
Och saknar sina vantar
Dom är små och luktar lök.
Å där kommer tomten
Han hostar å nyser
Bakefter Knalle Jul
Å han plirar å glyser
Dom firar Kalle Anka
Den store frälsaren
Se´n bär det av till stallet
Uti Betlehem.

40

Inget nytt ...
Intet är nytt under solen.
Samma dag som Nobelpriset i litteratur kungöres brukar
väghållaren placera ut
de orangea snöpinnarna vid vägkanterna.
Så även i år.
Känns tryggt.

Hård.
Vintern blev hård
Men kort.
Nu smälter det mesta,
Bort.
Det falskt idylliska helvita landskapet
Övergår nu i ett mera realistiskt svartvitt dito.

Silver
Han hade rätt, mannen som skrev texten till »Svinsta skär«.
»Månen strör silver i snåren«
Exakt så var det vid femtiden i morse.
Silver i buskar och snår
och en bred mångata mot västlig horisont.
Jag samlade in en del av silvret.
Ska växla in det och köpa mej
en ny hatt.

Till månen.
Du ligger på rygg
Verkar så trygg
Trots allt du sett
Båd´ vackert och lett
Så vänligt du ler
Och blickar hit ner
Du vaggas så tyst
Över silvervitt hav
DU tog och du gav
I oändlig rymd
Men nyss blev du skymd
Av en liten sky
Vi ser dej igen
När du blir ny.

Rubrik i lokaltidning under pandemin
SKÅNE STÄNGER GRÄNSEN.
DANMARK ISOLERAT.

43

Dimman
En gråtmild dimma
Över strandängarna,
Alldeles tyst
Inga fåglar som låter
Men framme vid Fårarevet
Skymtar jag
Jultomtens ryggtavla,
Han är på väg hem
Till fots
I januaridimman.

44

Dansk

Stormen spelar i min skorsten
spelar en dansk melodi
Som stiger och sjunker
Med våldsam kraft
I vintergrå harmoni,
Jag spårar små toner
Som minner om Fyn
Den gången HC föddes i byn.
I tanken jag svävar
Så lugnt i min syn
Och vaknar måhända i gryn-
Ingen

BLÅST
Hej vad det blåser
Hej vad det yr,
Denna storm verkar bli dyr
Det tjuter i fläkten
Katterna flyr
Vågorna rullar
Ingen som styr.

Vid stranden samsas svanar och sälar
Ett par lärkor ryttlar
På stranden ligger en gammal vit plastbåt
På magen, med kölen i vädret,
Pandemin syns inte till,
Men den finns.

46

Natten
Smeker
Med svala händer
Och
Iskalla fingertoppar.

Andas ut.
Nu håller hela naturen andan
Det gröna kan inte bli grönare,
Blommorna kan inte bli blommigare
Och blommigast av alla är nyponroshäcken
Utanför köksfönstret.
Och fåglarna fåglar för full hals.
På måndag vänder det.
Naturen andas ut
Och så är plötsligt första halvåret slut.

47

Nu.
Nu är syrendoften nästan sakral
Minner om avslutningsdagen i småskolan
Eller examensdagen som mamma sa
Förutom av syren så doftade det från liljekonvaljerna
I senapsglasen på skolbänkarna
Samt svettiga barnahänder och lagård.

Julinattsdikt.
Värmen väller västanfrån
Vågor vaggar varligt,
Syrsan vässar nattfiol
Snirpet doftar vemod.
Högsommarnatt håller andan
Livet är gott – men farligt.

48

Nittonde maj
Uppknäppt kavaj
Våren är här,
Slipsen på svaj.

Öppen sandal
Frivilligt val
Maskrosor gula
I tusende tal.

Gräset så grönt
Vår doftar skönt
Mustig och stark
Från uppodlad mark.

Midsommaraftonens gryning
Smög sej lojt upp ur havet
Och gnuggade sömnen ur ögonen,
Ännu en obrukad dag framför oss
Önskar Eder Alla
En God och Glad midsommar

49

Högsommarnatt.

Nyss var det högsommarnatt,
Ljum med ständigt skymningsljus,
Majsen växer ca fyra centimeter per natt,
Flädern står i blom.
På håll ser de vita blommorna ut som
Trattar fyllda med vispgrädde.
Sömnlösheten ställer till det.
Vaknar allt tidigare.
Snart vaknar jag nog innan jag går och lägger mej.
Högsommarnatt.

Väntar

Enligt kalendern är det pingstafton i morgon.
Svårt att ta in detta pestens år.
I isoleringen känns det nu som om vore
Det en vanlig, sketen fredag.
Äreportarnas och hänryckningens tid i söckengrått.
Liljekonvaljerna slokar blygt
Med sina huvuden
Och tittar skamset mot marken.
Gökarna gal i otakt,
Syrenerna står stela
Och avvaktar.
Själv kurar jag ihop mej och väntar på nästa år.

Tidigt.
Nyss var gryningsljuset genomskinligt
Strandstenarna mörka skuggor
Mot dimgrå bakgrund.
Alldeles stilla,
Nu blänker sälarnas skallar
I vattenbrynet,
Svanarna sträcker sina halsar
Och hälsar dagen.

Idag stod vitsipporna så förnumstigt
nickande i Långåsa skog.
»Vad var det vi sa?«
Jo, att det blir en vår även i år,
Nu är den här.

Morgon
Som vattrat siden är havet denna morgon,
På land börjar maskrosorna sträcka
Sina huvuden mot himlen.
På horisonten balanserar en tankbåt
På väg söderut,
Kanske Rotterdam,
Solen klättrar målmedvetet allt högre.
Dags att hämta morgontidningen.

Månen såg ut som en halv apelsin
På rygg för sin färd över havet,
Själv ska jag putsa min sömndrömmaskin
Och ladda för färd mot det fjärran
I mörkret jag anar en skarp horisont
Som famnar min gåtfulla värld,
I den tar jag avstamp, och flyger sen
Glad och nöjd på min himlafärd.

Dieten

Har haft telefonmöte med dietist
Inför kommande helger
Och blivit informerad om vad jag får äta och inte.
Det blev mest inte.
Nästan allt jag föreslog var inte.
Det hon föreslog var inte
Gott.
Jag kommer att leva på havregrynsgröt
Enstaka sillbitar
Stekt potatis och knäckebröd.
Möjligen med någon liten, liten bit oxfilé som komplement.

54

Svart katt.
Svart katt ligger på ett bord
Svart katt säjer inte ett ord
Svart katt betraktar
Till och med vaktar,
Svart katt ser allt
Hör allt,
Vet allt,
Men behåller kunskapen för sej själv
Svart katt har koll
Om en liten stund går svart katt
Ut i natten.

Alldeles nyss
Skörden bärgas
Fälten härjas
Doften av fullmogen säd
Svävar kring buskar och träd.
Tröskhalmen balas
Kvällarna svalas
Nu smyger natten,
Tyst liksom katten
In.

Doften är mogen och tung
Sensommarnatten är ännu ung
Flyttfågelsträcken drar fram över viken
Fullvuxna grodor kväker i diken
Allmäntillståndet är inte så illa
Tiden står numera nästan stilla.

Villig.
Anden är villig
Men köttet är svagt
Allt har en ända
Men korven har två,
Bara jag slapp att
så ensam här gå
Mindre grytor skramlar sist
Utan ordspråk blir livet trist.

»Det påstås att kvinnan
Beundrar den starke som faller
Men älskar den veke som står«

Tiden ...
Tiden lider
Natten glider
Sakta ifrån natt till dag
Såren svider
När jag gnider
Getingstick med Salubrin
Myggen inar
Bonden flinar
Nöjd vid nysådd åker
Rapsen fortfarande grön
Valborgsmässan är så skön
Skönast av dem alla.

58

Till minnet av Alf

När morgondimmorna
Ljudlöst lyfter
Mot den uppgående solen
Och nattens älvadans är slut
Händer det ibland
Att den tar med sej
Någon särskilt utvald poet till himlen.
Detta hände igår.
Alf Hambe lämnade oss.
Vi sörjer,
Men alla hans visor
Och dikter finns kvar.
Låt oss glädjas åt det.
Tack Alf.

Vårbilder
19 maj
Äpp
elträden blommar
Och häggen,
Den som ställt sej i lä
Vid väggen
Sprider vällukt
Doftar vår
Blomningstider
Åter står
För dörren.

60

Vit ...Det blinkar vitt
I vildroshäcken
Främst nattetid
Vid fullmåne
Små vita stjärnor
I tusental
Nästan som en vildroshäckens vintergata
Det är blommande hundkäx
Kan ibland se ut som vit dill.

61

Päron.
Mitt päronträd
Ett par-
adis
för bin.
Stort, väldigt, mäktigt
Som en ek
Eller en bok, bär inte varken ekollon
Eller bokollon.
Det bär pärollon.
Den här veckan är det ett pa-
radis för bi
innan den är för
bi.

Ljus.
En gök jag hörde så allvarsam
Han gol från dungen i söder.
Säj mej du gök där, så allvarsam
Säj mej vem som är döder.

En trast jag hörde så kvick och glad
Han satt i granen den höga
Han sjöng en försommarljus ballad
Av vemod märktes nu föga.

Vinden tjuter
Katten skjuter
Rygg.
Själv jag njuter
Morgonsupen
Varm och trygg.

63

Jordstormen.
Solen lyser så mild och vän,
Förmiddagens jordstorm har flyktat hän,
Den nysådda säden på väg mot öst
För smålänningar blir en given tröst.

På väg ...
Tjugofem minuter efter midnatt
Blev det helt stilla.
Inte en endaste vindpust över Kattegatt.
Tog tiden slut?
Eller var det Gud som tog fikapaus
På sin väg mot Blåkulla.

64

Sval morgon, absolut stilla
Havet, som vore det en silversjö
Tillvaron håller andan
I väntan på ny dag.

Natten fylld av regn och dimma
Skall nu kortas med en timma
Trädgårdsmöbler ställas ut
Dom som inte tagit slut
Brunte slipper nu sin grimma
Karo tillåts åter stimma
Morra, skälla, nafsa, bita,
Och vid grannens trappa skita.
Det är vår!

65

Tidsbild
Måndagsmorgonen
Vrängde vresigt av sej
försommarnatten,
Skymningar dröjde kvar
under hundkex och vitklöver
Solens strålar
värmde gradvis upp tillvaron
till normal, varm Hallandsmorgon,
jordgubbar rodnar fortfarande
vid tanke på literpriset
till turist.
Halland.

Magi
Nymånen glider
I högan sky
Hundratals mil
Över närmsta by.
Däruppifrån har han
En utsökt vy
Svävar i natten så söcken.
Omgiven av
Ett försommartöcken
Önska dej något,
Men tyst, min vän
Månens magi
Kanske räcker än.

67

Vallmoblom.
Mitt i det lilla fula skrotstensupplaget
Strax öster om min tomt
Flammar det nu klarrött.
Vallmo, den kanske vackraste av blommor,
Växer i skrotstensupplaget.
Det ser ut som röda eldsflammor bland alla tistlar och
nässlor.
Jag kan inte ta mej fram till dom,
Men jag njuter på distans.

Nu är juninatten som mörkast här vid havet.
Men jag anar ändå konturerna av träden som lutar
in mot land,
Har lagt lite tid på att göra en kalkyl,
Eftersom jag är glad är det väl en glädjekalkyl.

68

Fläder.
Tänk
Snart har min fläder
Fått midsommarkläder
Så skimrande vita
Som änglarnas hår.
Det doftar så ljuvligt
Naturen sej gläder
Och rosorna glöder
I natten så mild.
Ur skuggorna träder
Keruber och nymfer
I högsommarnatt.

Medvind.
Inatt hade månen medvind
på sin färd mot vilda västern,
Det blev inga nedslag
Varken i Stavanger, på Grönland eller Newfoundland,
Men han kom precis fram till en enkel frukost
Hos en grupp Amishpeople
I norra Minnesota,
Nära Hibbing
Där det fortfarande ekar
Av Robert Zimmermans
tidigare alster.

Pingstafton.
Nyslagna vallar
Klöverdoft svallar
Svallar och sväller
Och smeker min kind.
Pingstafton ger oss
Smak av en sommar
Sommar som kommer
Med högsommarvind.

Juni farväl.
Nu seglar juni månad iväg
Mot nordnordväst
I ett rosa skimmer,
Jag kommer att sakna henne,
Hon var behaglig i år,
Jag ska strax sätta mej på trappan
Som vetter mot Björkäng
Och spela uttågsmusik
För juni 2022
Den går i F

Väntan.
Sitter och väntar på juli,
Hon ska dyka upp i natt
Lär ha med sej lite småstökiga vindar
Och regnskurar.
Jag hade tänkt att vara med
som utställare vid Morups marknad
Den 2 juli, men dels krånglar min rygg
Och dels, och viktigast
Jag är inbjuden till min dotterdotters
Tjugoårsfirande, och det vill jag
absolut inte missa.
Lite vemodigt att båda barnbarnen
nu är inne i vuxenvärlden.
Jag kommer att sakna den
förnumstiga naiviteten.
Kan man hyra barnbarn i lämplig ålder?

73

Full fart.
Juli månad
Har redan fått upp farten
Ett pärlband
Av premiärer,
Slottsspel, parader m.m.
Och på Gotland
startar Almedalsveckan.
Det kommer att bli mycket politik
Framöver.
Frågan är
Vem tar vem
Och vem blir sittande
Med Svarte Petter?

Julidag II
Hej vad det växer
Hej vad det gror,
Knepigt att gå
I för stora skor,
Fötterna krymper
När vädret är blött
Trasten i aspen
Visslar så sprött.
Vindarna viner
Och vänder mot väst,
Skåne kan duga
Men Halland är bäst.

75

Julidag III
Den andra julimåndagen
breder lättjefullt ut sej
över det halländska
kustlandskapet,
Ligger på rygg,
Och njuter
Semestertrafiken består nu nästan
enbart av cyklister,
Cyklister med packning
Cyklister utan packning
Cyklister med cykelbyxor
Cyklister utan byxor,
Alla verkar de vara
på väg
någonstans.